W0046311

Mein Garten im Sommer

ELKE PAPOUSCHEK

Mein Garten im Sommer

Inhalt

AUGUST

Mein Garten
im Sommer

Wir haben den Boden in Schwung gebracht, Gemüse und Kräuter ausgepflanzt, Blumen gesät und den Gartenzaun frisch gestrichen. Jetzt starten Paradeiser- und Paprikapflanzen in der warmen Sonne so richtig durch, Rosmarin und Salbei duften schon in den Töpfen und die ersten Kirschen färben von Gelb nach Rot. Der Sommer hat im Garten Einzug gehalten und das haben wir uns redlich verdient!

Jetzt wird das Leben nach draußen verlagert und der Garten zum Wohnzimmer im Freien. Wenn das Wetter stimmt, beginnt der Gartentag mit dem Frühstück auf der Terrasse und endet bei Sonnenuntergang am Gartenteich. Dazwischen liegen natürlich allerlei pflegende Handgriffe – Gießen, Aufbinden, den Giersch im Zaum halten und anderes, doch Genuss und Erholung sind ebenso

Der Sommergarten wartet
mit vielen Genüssen auf.

wichtig. Im Kirschbaum die Beine baumeln lassen, dem Wind in den Blättern zuhören und Schmetterlinge, Vögel und Co. beobachten ist Gartenfreude pur!

Dazu gehört es auch, mit einem Korb loszuziehen und nach weißen Blütenbüscheln Ausschau zu halten: Ende Mai, Anfang Juni erscheinen die süßlich duftenden Blütendolden des Holunders. Gebacken als süße Köstlichkeit? Oder doch lieber einen erfrischenden Sirup ansetzen? Am besten probieren Sie beides!

Duft umgibt uns jetzt im Garten allerorts: Die Madonnenlilie verströmt klarer und weniger schwer als andere Lilien ihren süßen Geruch, die Engelstrompete besonders am Abend. Je sonniger der Standort, desto intensiver sind die Aromen von Duftpelargonien und Kräutern. Da fehlt etwas, meinen Sie? Natürlich! Es sind die Rosen, die jetzt im Garten den Ton angeben und unsere Sinne mit Blütenfülle und zart duftend verwöhnen. Auf in den Garten!

Mit den reifen Kirschen beginnt
Anfang Juni die Erntezeit.

Juni

Blüten sind das Lächeln der Natur.
Es geht auch ohne sie, aber nicht so gut.

Rosenmonat

Heiß geliebte Rosen! Ihre Schönheit wurde in Liedern besungen, in Gedichten beschrieben und auf Bildern dargestellt. Wie bei keiner anderen Blume ist ihre Geschichte mit berühmten Namen verbunden, vom Dichterfürsten Goethe bis zur britischen Queen Mum reicht eine Auswahl berühmter Rosenliebhaber. Im Garten sind in den vergangenen Jahren auch wieder einfache, duftende Blüten und robuste Wildrosen populär geworden.

Wilde Schönheiten

Wildrosen, die ursprünglichen Rosenformen, sind robust und pflegeleicht und schmücken sich im Herbst ein zweites Mal – mit prächtig bunten Hagebutten. Voraussetzung dafür ist aber, dass die abgeblühten Rosen nicht zurückgeschnitten werden. In den ungefüllten Blüten der Wildrosen finden Bienen und Co. Nahrung, später freuen sich die Vögel über die Hagebutten.

Wildrosen sind ökologisch
gesehen besonders wertvoll.

Zu den empfehlenswerten Wildrosen für den Garten zählen die Essigrose (Rosa gallica) mit rosaroten Blüten und intensivem Duft, die Wilde Heckenrose (R. canina) mit rosa Blüten und scharlachroten Hagebutten, die Kartoffelrose (R. rugosa) mit duftenden lila Blüten und dicken, knolligen Hagebutten und die Bibernellrose (R. pimpinellifolia), die weiß-gelbe Blüten und später fast schwarze Hagebutten trägt.

Was duftet nachts?

Blumenduft mag jeder gern, – aber die Pflanzen duften natürlich nicht uns Menschen zuliebe, sondern um Insekten anzulocken und damit die Bestäubung der Blüten zu sichern. Während Blüten sich

Nachtviole   Gemeine Nachtkerze   Levkoje

Die Essigrose wurde schon in den Klostergärten des Mittelalters kultiviert.

untertags öffnen und duften, um Bienen anzulocken, soll abendlicher Duft Nachtfalter anziehen.

Wer tagsüber wenig Zeit hat, um den Garten zu genießen, kann sich mit diesen Pflanzen einen duftenden Abendsitzplatz gestalten: Nicht umsonst wird die Nachtviole auch „Königin der Nacht" genannt. Ihre violetten Blüten verströmen einen wunderbaren Geruch, der an Veilchen erinnert. Die Gemeine Nachtkerze trägt auf ihren bis zu zwei Meter hohen Blütenständen duftende gelbe Blüten, und die wohlriechende Levkoje war einst als Sommerblume in fast jedem Bauerngarten zu finden.

Lange Sommerabende auf dem Balkon genießen.

Gelsenschreck

So manche Pflanzen helfen mit, ungeliebten Insektenbesuch von Balkon und Terrasse fernzuhalten. Gelsen reagieren empfindlich auf den Duft von Katzenminze, Lavendel, Duftpelargonien und Zitronenmelisse. Wer gerne am Abend draußen im Garten sitzt, sollte diese Pflanzen dort beherbergen. Sie stellen bereits eine erste Barriere für die Plagegeister dar. Je intensiver der Duft, desto besser. Auch Tomatenstauden rund um die Terrasse schrecken Gelsen durch ihren Geruch ab. Es geht also auch ohne Spray und künstliche Duftstoffe. Alle genannten Pflanzen lassen sich gut im Topf kultivieren. Probieren Sie es aus!

Blütenträume aus Hortensien

Hortensienblüten lässt man am Strauch ausreifen, bis diese grün werden. Danach werden sie an einem luftigen Platz getrocknet und sind so für viele Wochen haltbar. Wer die frischen Blüten zu einem Strauß binden will, schneidet sie am besten am frühen Morgen und bei trockenem Wetter. Verwenden Sie nur holzige, ausgereifte Triebe, denn junge, weiche welken rasch. Die Zweige sofort ins Wasser und bis zur Verarbeitung kühl und schattig stellen. Vor dem Arrangieren der Blüten die unteren Laubblätter entfernen, damit es in der Vase nicht zu Fäulnis kommt, und die Stielenden schräg anschneiden.

Gartenhortensien (rechts) tragen ballförmige Blütenstände, Tellerhortensien (links) flache.

Obstgehölze ausdünnen

Beim „Junifall" stoßen die Obstbäume überschüssige Früchte ab, damit sich die verbleibenden gut entwickeln können. Doch das reicht oft nicht aus. Besonders bei Apfelbäumen empfiehlt sich eine zusätzliche händische Ausdünnung. Entfernen Sie zuerst kleine oder deformierte Früchte. Zwischen den Fruchtansätzen sollte eine Handbreit Platz verbleiben.

Tomaten vor Nässe schützen

Wer seine Tomaten unter einem kleinen Dachvorsprung zieht und sie vor Regen schützt, verhindert das Entstehen von Krankheiten. Auf den nassen Blättern entwickeln sich die Erreger rasch, ist das  Laub trocken, kommt es erst gar nicht so weit. Gießen Sie die Pflanzen zurückhaltend, bis sie ausreichend Blütenansätze gebildet haben, sonst schießen sie ins Kraut und bilden vorwiegend Blätter. Dann aber brauchen sie viel Wasser. Ein eingegrabener Tontopf als Gießmulde leistet gute Dienste, um das Wasser direkt zu den Wurzeln zu bringen.

Rhabarber ist bis Ende Juni genießbar.

Rhabarberernte beenden

Die Rhabarberernte endet zeitgleich mit der Spargelernte. Nach Ende Juni ist es aus gesundheitlichen Gründen nicht mehr empfehlenswert, Rhabarber zu ernten, da zu diesem Zeitpunkt der Oxalsäuregehalt stark ansteigt. Als Stichtag gilt der Johannitag am 24. Juni. Oxalsäure wirkt auf den Körper schädlich, weil sie Kalzium bindet, das für den Knochenaufbau benötigt wird, und nicht abgebaut, sondern nur ausgeschieden werden kann. Menschen,

Werden die Blütenköpfe schwer, die Triebe der Pfingstrosen locker aufbinden.

die zu Rheuma und Gicht neigen, sollten auf den Verzehr von Rhabarber ganz verzichten.

Zeit der Pfingstrosen

Pfingstrosen blühen „einfach" schalenförmig, „halbgefüllt" mit mehreren äußeren Blütenblattreihen oder „gefüllt", wenn alle Staubgefäße in Blütenblätter umgewandelt sind. Diese Formenfülle macht sie nicht nur im Garten, sondern auch in der Vase zur Attraktion, und ein üppiger Pfingstrosenstrauß zählt zu den schönsten Aufmerksamkeiten, die der Frühsommer zu bieten hat. Die Pfingstrose verdankt ihren Namen „Paeon", dem heilenden Gott im antiken Griechenland, und wurde ursprünglich nicht ihrer Schönheit, sondern ihrer Heilwirkung wegen kultiviert. Die bekannte Regel, dass Pfingstrosen am liebsten ihre Ruhe haben und möglichst nicht versetzt werden wollen, stimmt. Haben sich die Pfingstrosen einmal gut an ihrem Standort eingewöhnt, sollte man sie unbedingt in Ruhe lassen und nicht mehr umpflanzen. Im Garten muss man eine Weile Geduld haben, bis eine gepflanzte Pfingstrose regelmäßig blüht. Wenn es so gar nicht klappen will, liegt es am falschen Standort – der richtige sollte sonnig und luftig sein – oder einer zu tiefen Pflanzung. Die Triebe dürfen dabei nämlich höchstens fünf Zentimeter hoch mit Erde bedeckt werden, sonst lassen die Blüten mehrere Jahre auf sich warten.

Jetzt noch Blumen säen

Bartnelken und Vergissmeinnicht können jetzt noch an sonniger Stelle direkt ins Freiland gesät werden. Den Boden vor der Aussaat von Unkraut befreien, tiefgründig mit dem Spaten oder der Grabgabel lockern und mit reifem Kompost mischen. Die gesäten Samen mit etwas Erde bedecken, leicht einharken und gleichmäßig feucht halten.

Die Sämlinge, wenn sie fünf bis zehn Zentimeter groß sind, auf ca. zehn Zentimeter ausdünnen und im September/Oktober an ihren endgültigen Standort verpflanzen.

Wer klettert da?

Die Einsatzmöglichkeiten von mehrjährigen Kletterpflanzen sind nahezu unbeschränkt: Sie verbinden Haus und Grünfläche auf harmonische Weise und lassen eintönige Fassaden unter Laubwänden und Blütenkaskaden verschwinden. Sie verwandeln Pergolen oder Rankgitter in lauschige Ecken und schaffen natürlichen Sichtschutz. Kletterhortensien tragen bis zu 25 Zentimeter große, weiße, leicht duftende Blütendolden, die auch noch im verblühten

Im Mai und Juni blüht der Blauregen (links), ab Juli die Trompetenblume (rechts).

Die Kletterhortensie blüht überreich mit weißen Doldenblüten.

Zustand dekorativ sind. Ein halbschattiger Standort und humose, aber nicht zu schwere Böden behagen der Pflanze gut. Schnitt ist nicht erforderlich, es reicht aus, abgestorbene Zweige oder störende Triebe zu entfernen.

Die gelben, roten oder orangen Blüten der Trompetenblume heben sich vom grünen Laub leuchtend ab. Mit kräftigen Trieben ist sie für großflächige Begrünungen von Wänden ideal, braucht aber eine Kletterunterstützung in Form waagrecht gespannter Drähte.

Der Blauregen ist mit seinen dichten Blütenkaskaden in Hellblau, Violett oder Weiß-Rosa eine der schönsten blühenden Kletterpflanzen. Die Blütenstände werden je nach Sorte bis zu 70 Zentimeter

Kapuzinerkresse und Prunkwinde sorgen für Farbe im Garten.

lang. Das wärmeliebende Gehölz braucht einen sonnigen Standort und sandig-lehmige Böden.

Kapuzinerkresse gegen Blattläuse

Die Kapuzinerkresse wirkt sich positiv auf ihre Nachbarpflanzen aus, weil sie ihnen die Blattläuse vom Leib hält. Ein Schutzstreifen aus Kapuzinerkresse zieht die Schädlinge regelrecht an und fängt so den Ansturm der lästigen Tierchen ab. Sie können die Läuse entweder mit einem scharfen Wasserstrahl abspritzen oder die befallenen Pflanzenteile mitsamt den Blattläusen entfernen. Auch jetzt lässt sich noch rasch eine Schutzpflanzung säen oder pflanzen. Eine gleichmäßige Wasserversorgung ist wichtig, dann wächst die hübsche Kresse schneller.

Schon beim Pflanzen vorbeugen

Schädlinge und Krankheiten treten in erster Linie dann auf, wenn sich Pflanzen an ihrem Standort nicht wohlfühlen. Die Pflanzen zu stärken ist deshalb der wichtigste Schritt zum Vorbeugen von Schädlingen und Krankheiten:

- Bei der Pflanzauswahl auf das lokale Klima achten und nur geeignete Arten verwenden.
- Kaufen Sie die Pflanzen in Gärtnereien und Baumschulen der näheren Umgebung. Was dort gut wächst, wird sich auch in Ihrem Garten rasch akklimatisieren.
- Achten Sie schon beim Einkauf auf als robust beschriebene Arten und Sorten. Je hochgezüchteter eine Pflanze, umso anfälliger ist sie in der Regel.
- Beachten Sie die Regeln der Mischkultur, manche Pflanzen vertragen sich in Nachbarschaft gar nicht, andere stärken einander gegenseitig.

Sie sorgen
für gute Laune

Der Arten- und Sortenreichtum der Sonnenblumen ist fast unüberschaubar: ob Stauden, das sind mehrjährige, winterharte Pflanzen, oder einjährige Blumen (Helianthus annuus), die jedes Jahr neu gesät werden müssen. Letztere entzücken durch prachtvolle, große Blüten und eine Fülle an Blütenvarianten und Farbkombinationen. Der Name Helianthus leitet sich vom griechischen Wort Helios für Sonne ab. Sonnenblumen lassen sich in Gartenbeeten oder in Töpfen aussäen. In beiden Fällen müssen die zarten Pflänzchen nach einiger Zeit vereinzelt werden, damit sie einander nicht bedrängen und im Wachstum stören. Im Freien kann man noch bis in den Juli hinein säen.

Sonnenblumen kann man in Töpfen oder direkt am Standort im Garten aussäen.

Mulchen spart Gießen

Eine Mulchschicht aus Grasschnitt, Rindenmulch oder Laub bewahrt die Bodenoberfläche vor dem Austrocknen. Das spart Wasser und schützt das Bodenleben in der obersten Erdschicht. Ist diese Erdschicht intakt, speichert sie Nährstoffe und Feuchtigkeit optimal. Die Mulchschicht verhindert gleichzeitig auch das Aufkommen von Unkräutern, die dem Boden wiederum Wasser entziehen – ein Sieg auf allen Linien also. Ist Mulchen nicht möglich, sollte der Boden regelmäßig flach aufgeharkt werden. Das Aufbrechen zerstört oberflächlich die Bodenkapillare, vom kostbaren Nass verdunstet weniger.

Stroh sorgt dafür, dass die Früchte besser abtrocknen und nicht so leicht faulen.

CHECKLISTE

Was im Juni
noch zu tun ist

- *Verwelkte Blüten von Fuchsien regelmäßig zu entfernen, kann die Blütezeit bis in den Herbst hinein verlängern.*
- *Kohlrabi gleichmäßig feucht halten. Die Knollen können platzen, wenn der Boden zu trocken ist und die Bodenfeuchtigkeit dann starken Schwankungen unterliegt.*
- *Stroh unter den Erdbeerpflanzen hält den Boden feucht, die Beeren sauber und verhindert Unkrautwuchs.*
- *Wenn die Erbsenpflänzchen etwa 15 Zentimeter hoch sind, als Schlinghilfe Reisig mit feinen Trieben (z.B. von Birken) zwischen die Reihen stecken.*
- *Laufendes Aufharken der Erdoberfläche unterbricht die Verdunstung. Es gelangt auch mehr Luft ins Erdreich und Unkrautwuchs wird verhindert.*
- *Balkon- und Kübelpflanzen ausputzen und düngen. Spätestens jetzt alle Kübelpflanzen ins Freie bringen.*

Juli

Im Juli warmer Sonnenschein,
macht alle Früchte reif und fein.

Erlebnis Wasser

Kein Garten ohne Wasser – das nasse Element erfrischt nicht nur Mensch und Tier, es belebt auch unsere Sinne und unsere Gärten. Dabei ist Wasser keine Frage der Gartengröße. Ob Biotop zum Hineinspringen, ob sprudelnder Quellstein oder plätschernder Brunnen, das faszinierende Element lässt sich mit kreativen Lösungen in jeden Garten, auf Terrassen und sogar Balkone bringen.

Die Königin der Wasserpflanzen

Anmutig schaukeln sie auf der Wasseroberfläche und lassen kleine und große Teiche erblühen. Ob farbig oder weiß, die Seerose steht als Symbol für edle, zarte Schönheit, und doch ist sie botanisch gesehen eine robuste und sehr spezialisierte Pflanze. Seerosen gibt es für jede Gelegenheit, solche, die tiefe Gewässer bevorzugen, aber auch Sorten, die mit zehn Zentimeter Wasserstand das Auslangen finden und im alten Fass am Balkon gezogen werden können.

Für eine reiche Seerosenblüte
muss der Teich gut besonnt sein.

Eine Schwimmblattpflanze in einen bereits gefüllten Teich zu pflanzen, ist kein leichtes Unterfangen. Wenn sie aber in mit groben Steinen, Gartenerde und Kompost gefüllten Korb aus verrottbarem Material gepflanzt wird, lässt sich dieser mit Hilfe eines Hakens punktgenau versenken. Der Korb zerfällt später im Wasser, die Wurzeln verankern sich rasch am Grund.

Wenn Seerosen blühfaul werden, kann man sie im Mai und Juni teilen und wieder einpflanzen. Dazu spült man die Erde von den Wurzeln und teilt den Wurzelstock mit einem scharfen Messer. Ein Rhizomstück wird in einen Korb gepflanzt und wieder im Teich versenkt.

Ribiseln eröffnen den Erntereigen

Egal ob rot, weiß oder schwarz: Ribiseln zählen zum typischen Sommerobst. Die sauren Früchtchen sind gesund, enthalten viel Vitamin C, wichtige Mineralstoffe wie Kalzium, Kalium, Mangan und Eisen sowie verdauungsfördernde Ballaststoffe.

Gewählt wird nach Geschmacksvorlieben: Die milden weißen Sorten bringen zwar geringere Erträge, dafür sind die Früchte höchst aromatisch und besonders für das Naschen vom Strauch geeignet.

Gesundes Naschen: Ribiseln enthalten viel Vitamin C und wichtige Mineralstoffe.

Herb-säuerlich und nicht jedermanns Sache ist der Geschmack der schwarzen Ribiseln. Der Gesundheit zuliebe könnte man es sich aber überlegen, enthalten die schwarzen Beeren doch die vierfache Menge an Vitamin C im Vergleich zu ihren weißen und klassischen roten Verwandten.

Fein ist, dass die gesunden Johannisbeeren auch zu den robustesten Obstgehölzen zählen. Ein sonniger Platz ist optimal, aber als Ausnahme unter dem Beerenobst gedeihen sie auch noch im Halbschatten ganz gut.

Iriswurzeln ausgraben, in Stücke schneiden und diese wieder pflanzen.

Stiefmütterchen aussäen

Stiefmütterchen aus Samen zu ziehen, ist auf jeden Fall einen Versuch wert. Sind doch besonders schöne Blütenformen oft nur als Saatgut und nicht als Jungpflanzen erhältlich. Wer Anfang Juli aussät, kann sich schon im Herbst an den Blüten erfreuen. Sät man zu einem späteren Zeitpunkt, blühen die zweijährigen Pflanzen erst im Frühling. Fühlen sich Stiefmütterchen am Standort wohl, vermehren sie sich durch Selbstaussaat weiter.

Schwertlilien teilen

Nach der Blüte lassen sich Schwertlilien, auch Iris genannt, gut durch Teilung vermehren. Dazu werden die Pflanzen vorsichtig ausgegraben und die bewurzelten Rhizome in Teilstücke geschnitten. Die so vermehrten Pflanzen kommen in ein sonniges Beet mit eher magerem Boden, denn Iris vertragen weder Torf noch zu hohe Kompost- und Düngegaben. Im nächsten Jahr kann man dann deutlich sehen, wie die Stauden gesund und blühfreudig durchtreiben. Die Wurzelstock-Teilung ist eine gute Maßnahme bei Schwertlilien, die im Laufe der Jahre immer weniger Blüten treiben.

Noch schnell Rote Rüben säen

Bis Ende Juli dürfen die Samen der Roten Rübe, die man auch als Rote Beete, Rande oder Rauna kennt, noch in die Erde kommen, denn sie lieben eine warme Kinderstube. Dazu zieht man etwa drei Zentimeter tiefe Rillen in einem Abstand von 20–25 Zentimeter und legt die Samen hinein. Wer auf Nummer sicher gehen will, lässt sie zuvor eine halbe Stunde im warmen Wasser vorquellen. Mit Erde bedecken und gleichmäßig feucht halten – dann können die vitamin- und mineralstoffreichen Knollen nach sechs bis sieben Wochen bereits geerntet werden. Die kräftige Farbe macht sie zur Augenweide. Rot und weiß geringelte Sorten machen auch

Rasengräser haben im Sommer einen hohen Wasserbedarf.

Kindern Spaß, allerdings verschwindet die Ringelung mancher Sorten beim Kochen.

So bleibt der Rasen fit

Jetzt braucht der Rasen viel Aufmerksamkeit. Für die Häufigkeit des Rasenmähens gibt es keine fixe Vorgabe, sie hängt vom Wachstum des Rasens und der aktuellen Witterung ab. In normal warmen und feuchten Sommern gilt durchschnittlich: ein- bis zweimal pro Woche mähen bei einer Schnitthöhe von drei bis vier Zentimeter. Bei Hitze und Trockenheit sollte die Schnitthöhe um ein paar Zentimeter erhöht werden, um Verbrennungen der Grasnarbe zu vermeiden und den Wasserbedarf zu reduzieren.

Sollte oberirdischer Rasenfilz vorhanden sein, setzt man ein Vertikutiergerät ein, das den Rasen entfilzt. Ein Aerifizier-Gerät belüftet den Rasen, indem es Löcher oder Schlitze in den Boden einarbeitet. Die entstandenen Hohlräume werden mit Sand aufgefüllt, um sie durchlässig zu halten.

Sommersträuße arrangieren

Im blühenden Garten kann man jetzt aus dem Vollen schöpfen. Blüten von Rittersporn, Phlox, Schafgarbe und Sonnenhut, dekorative Blätter von Frauenmantel, Funkien, Akanthus, zarte, luftige Halme von Ziergräsern – Material ist in Hülle und Fülle vorhanden. Schneiden Sie die Blumen am besten am frühen Morgen und stellen Sie sie sofort ins Wasser. Die Schafgarbe soll dabei schon voll aufgeblüht sein, Rittersporn, Fingerhut und Phlox dürfen erste Blüten öffnen. Vor dem Arrangieren die unteren Blätter entfernen und die Stiele

mit einem scharfen Messer schräg anschneiden. Ein Frischhalte-
mittel in der Vase verlängert die Haltbarkeit.

Sinnvoll gießen

Mit Köpfchen zu gießen spart wertvolles Trinkwasser und schont
obendrein die Geldbörse. Am besten gießen Sie in den frühen Mor-
genstunden, wenn die Verdunstung dank einer kühlen Bodenoberfläche noch gering ist. Nasse Blätter trocknen während des Tages
rasch ab. Zur sommerlichen Mittagszeit ist der Temperaturunter-
schied zwischen Pflanzen und Wasser so groß, dass die Wassertrop-
fen wie ein Brennglas wirken und Verbrennungen an den Blättern
verursachen können. Abendliches Gießen wirkt einladend auf
Nacktschnecken, die sich dann an den Pflanzen gütlich tun.
Gießen Sie Ihre Gartenbeete auch im Sommer ruhigen Gewissens
nur alle zwei bis drei Tage, dann dafür umso intensiver. Nur durch

Ein Gießrand
hält das Wasser
in Wurzelnähe.

Gurken brauchen viel Wasser. Gießen Sie am Morgen!

kräftiges Bewässern können Wasser und Pflanzenwurzeln auch in tiefere Bodenschichten vordringen. Ein tägliches, oberflächliches Beregnen des Bodens hat diesen Effekt nicht, das Wasser verdunstet wirkungslos.

Pflanzen werden idealerweise von unten gegossen, denn das Wasser soll den Pflanzen im Wurzelbereich zu Verfügung stehen, wo es benötigt wird. Ein Überbrausen der ganzen Pflanze lässt zu viel Wasser ungenutzt an Blättern und Blüten verdunsten.

Ein Gießrand in Form eines kleinen Erdwalls um die Pflanze sorgt dafür, dass das Wasser in Wurzelnähe bleibt.

Je sonniger der Standort, desto intensiver werden die Inhaltsstoffe der Chili.

Scharf, schärfer, Chili

Chilis – die kleinen, aber scharfen Vertreter der Paprikas erobern Gärten, Balkone und Küchen. Gelb, orange, rot oder braun, lang und dünn, klein und kugelig – kurzum vielfältig kunterbunt sind die Früchte dieser Paprikaart. Die zum Teil extreme Schärfe verursacht das enthaltene Capsaicin, das auf den Schleimhäuten von Mund und Zunge brennt. Chilis wachsen auch gut in Töpfen an einem sonnigen Platz auf dem Balkon oder der Terrasse. Geerntet werden kann je nach Sorte ab Juli/August bis in den Oktober hinein. Im Topf und an einem hellen Fensterplatz können Chilipflanzen auch in der Wohnung überwintern.

Nochmals säen

Auf abgeernteten Beeten können jetzt noch Radieschen, Rettiche, Buschbohnen, Brokkoli oder Frühlingszwiebeln gesät werden. Sie keimen rasch. Möglich ist es aber auch, zur Erholung des Bodens eine Gründüngung auszusäen. Phazelie, Ölrettich, Perserklee, Gelbsenf u.a. bedecken den Boden, halten ihn dadurch feucht und lockern ihn mit ihren Wurzeln. Nach dem Mähen kann die Gründüngung als Mulchschicht verrotten, dadurch wird das Bodenleben angeregt und der Humusanteil steigt.

Phazelie   Gelbsenf   Perserklee

Basilikum ernten

Basilikum wächst umso üppiger, je mehr davon abgepflückt wird. Voraussetzung ist allerdings, dass Sie nur die Triebspitzen kappen und das untere Blattpaar stehen lassen. Aus den Blattachseln wachsen dann wieder neue Triebe. Wird konsequent auf diese Weise geerntet, wächst das Basilikum buschig weiter. Das mediterrane Kraut verleiht Speisen ein appetitanregendes Aroma. Es darf allerdings nicht mitgekocht – das würde den Geschmack zerstören –, sondern erst am Ende zugefügt werden.

Kräuterbad selbst gemacht

Im Hochsommer haben Gartenkräuter ihren höchsten Gehalt an ätherischen Aromastoffen. Geerntet wird an sonnigen Tagen am späten Vormittag, wenn das Laub abgetrocknet ist. Das gilt nicht nur für die Verwendung in der Küche, sondern zum Beispiel auch für ein duftendes Bad. Ernten Sie die Kräuter an einem warmen und trockenen Morgen: Die Blüten von Lavendel und Ringelblumen wirken beruhigend, während die Blätter von Melissen, Minzen und Duftnesseln erfrischen und beleben. Die Kräuter nicht waschen, sondern kopfüber gebündelt an einen schattigen, luftigen Platz hängen, z.B. in einen trockenen Schuppen. Die trockenen Blüten und Blätter von den Stielen streifen (rascheln beim Berühren), in

Rosmarin, Thymian, Salbei & Co.: Kräuter trocknen am besten kopfüber im luftigen Schatten.

ein Säckchen aus Baumwollstoff füllen und beim Einlassen des Bades unter den fließenden Wasserstrahl hängen.

Algen im Gartenteich?

Neue Gartenteiche kämpfen manchmal mit Algenplagen. Fischen Sie die Algen immer wieder ab und haben Sie Geduld, bis sich das natürliche Gleichgewicht einstellt.

Der Igelkolben eignet sich für die Flachwasserzone großer Teiche.

Algen brauchen Nährstoffe zum Wachsen, je „aufgedüngter" ein Teich ist, desto besser gedeihen sie. Bepflanzte Uferzonen verbrauchen überflüssige Nährstoffe. Gewächse wie der Igelkolben bringen noch zusätzlich Sauerstoff in das Wasser ein. Unterwasserpflanzen sind wichtig, weil sie Nährstoffe verbrauchen und den Teich mit Sauerstoff anreichern. Schwimmende Pflanzen beschatten und kühlen das Wasser und halten dadurch den Algenwuchs in Grenzen. Aber auch Pflanzen bringen Nährstoffe ins Wasser. Abgestorbene Pflanzenteile deshalb entfernen, stark wuchernde Stauden zurückschneiden und Blätter- und Blüteneintrag regelmäßig abfischen.

CHECKLISTE

Was im Juli noch zu tun ist

- *Paradeiser ausgeizen: Die kleinen Triebe in den Achseln der Seitentriebe regelmäßig auszwicken.*
- *Brokkoli ernten, wenn die Einzelknospen bereits gut ausgebildet sind. Besonders bei warmer Witterung den Zeitpunkt nicht verpassen!*
- *Schnittmaßnahmen beim Kirschenbaum noch während oder gleich nach der Ernte setzen, da die Wunden jetzt gut verheilen. Dabei lässt sich auch gleich die Baumhöhe reduzieren.*
- *Fruchtgemüse regelmäßig gießen. Besonders Gurken brauchen viel Wasser, weil sie zu 97% aus Wasser bestehen.*
- *Laub von abgeernteten Erdbeerpflanzen zurückschneiden, um Pilzkrankheiten vorzubeugen. Das Herz der Pflanze dabei nicht beschädigen!*
- *Besonders in kleinen Teichen verdunstete Wassermengen nachfüllen, am besten mit Regenwasser.*

August

Wer schläft im August,
der schläft zu seinem eigenen Verlust.

Erntefreuden

Jetzt dürfen wir aus dem Vollen schöpfen! Direkt vom Strauch geschmaust, ist der Genuss von Him- und Brombeeren, Stachelbeeren und Co. kaum zu übertreffen. Frische Erbsen aus der Hülle gezupft, knackige Karotten vom Hochbeet und sonnenwarme Paradeiser – die Versorgung aus dem eigenen Garten ist wieder „in": aus Freude an frischen Früchten und Vitaminen ohne Umweltbelastung und als Ausdruck von Lebensqualität.

Die Himbeeren sind reif!

Himbeeren sind dann ganz reif, wenn der zapfenförmige Fruchtboden an der Pflanze zurückbleibt. Am Brombeerstrauch findet man zur gleichen Zeit Blüten, unreife und reife Früchte. Beide Beerenarten werden nur vollreif geerntet, da sie, einmal gepflückt, nicht nachreifen. Die empfindlichen Früchte sollten nicht gedrückt und nur vorsichtig gewaschen werden. Frischverzehr ist am besten, da sie im Kühlschrank höchstens zwei Tage halten. Was

Himbeeren sind unkompliziert und gedeihen
auch in großen Töpfen auf dem Balkon.

man nicht sofort aufbrauchen kann, wird am besten eingefroren. Dazu legt man die Früchte nebeneinander auf ein Küchenbrett und friert sie so vor. Erst nachdem sie hart gefroren sind, füllt man sie in Gefrierbeutel.

Frühe Zwetschkenernte

Einst galten die im Sommer reifenden Zwetschken als weniger geschmackvoll, keinesfalls vergleichbar mit der Haus- und Spätzwetschke, die erst Anfang September geerntet werden kann. Heute gibt es zahlreiche Frühsorten, die ab Juli reifen und köstlich sind. Ein weiterer Vorteil der frühen Sorten ist, dass sie nicht von den Maden des Pflaumenwicklers befallen werden. Frühe Zwetschkensorten wie „Ersinger" und „Herman" eignen sich vor allem zum frischen Genuss, die kleinen Früchte der Sorte „Katinka" sind ein guter Kuchenbelag, weil sie am Teig nicht „davonschwimmen". Ob sich eine Sorte gut vom Kern löst, ist ebenfalls ein Auswahlkriterium und vielfach bei der Züchtungsarbeit berücksichtigt worden.

Ab Juli reifen bereits die frühen Zwetschkensorten.

Es lohnt sich, genau hinzusehen: Ein Kunstwerk namens Jungfer im Grünen.

Hübsche Gretl

Wie ein Kunstwerk aus fein gefiederten Blättern und blauen Blüten präsentiert sich die einjährig wachsende Jungfer im Grünen (Nigella damascena) im Gartenbeet. In ihren kapselförmigen Früchten stecken wie auch beim verwandten Schwarzkümmel schwarze aromatisch schmeckende Samen. Die attraktiven Fruchtstände lassen sich als Trockenblumen für Gestecke verwenden. Einmal im Garten etabliert, vermehrt sich die Jungfer im Grünen durch

Selbstaussaat, aber ohne dabei lästig zu werden. Der Sage nach kam sie zu ihren weiteren klingenden Namen wie „Gretl in der Staudn" oder auch „Gretl im Busch" folgendermaßen: Darin musste die reiche Bauerntochter Gretl ihrer Liebe zu dem armen Hans entsagen. In Sehnsucht nacheinander verzehrt, wurden beide in Blumen verwandelt. Gretl wurde zur „Jungfer im Grünen", Hans – je nach Region – zum Vogelknöterich oder zur Gemeinen Wegwarte, die beide im Volksmund auch den Namen „Hansl am Weg" tragen.

Aussaat von Petersilie

Immer wieder tritt bei Petersilie das Problem auf, dass die Blätter gelb werden und absterben. Schuld daran sind Bodenpilze, die im Frühjahr bei hoher Bodenfeuchtigkeit entstehen und die zarten, frisch gesäten Pflänzchen heimsuchen. Vermeiden lässt sich der Befall durch einen jährlichen Standortwechsel oder aber durch eine Aussaat im August, denn jetzt wächst Petersilie sehr zügig und die Parasiten haben kaum eine Chance. Im folgenden Frühjahr sind die Pflanzen bereits kräftig genug, um sich zu behaupten.

Petersilie zählt zu den gesündesten Kräutern.

Mit dem Reifwerden färben
sich die Samen braun.

Samen von Sommerblumen ernten

Sommerblumen selbst zu vermehren, lohnt sich. Lassen Sie an den schönsten und kräftigsten Pflanzen die Samenstände ausreifen. Sobald diese braun sind und noch ehe sie aufplatzen, abschneiden und trocken auf Küchenpapier auflegen. An einem warmen Platz reifen die Samen nach. Die Samen aus den Kapseln schütteln und in luftdichten Schraubgläsern lagern. Auf die Beschriftung nicht vergessen.

Madonnenlilie jetzt pflanzen

Auch wenn Madonnenlilien (Lilium candidum) erst im nächsten Juni blühen, gepflanzt werden sie schon jetzt. Wie die meisten Zwiebelgewächse brauchen sie einen durchlässigen, nährstoffreichen und kalkhaltigen Boden. In schwerem, nassem Erdreich kommt es zu Fäulnis und kümmerlichem Wuchs. Die Zwiebeln der Madonnenlilien werden flach eingesetzt, sodass sich die Spitze nur wenige Zentimeter unter der Bodenoberfläche befindet. Bald bilden sich Blattrosetten, die man im Winter mit Reisig abdeckt.

Ein Miniteich im Kübel

Ein Miniteich in einem Gefäß ist schnell angelegt und bringt in der heißen Zeit ein Gefühl der Erfrischung auf Balkon und Terrasse. Mörtelkübel und -wannen, Holzfässer, Tongefäße und Steintröge – alles kann verwendet werden. Ist die Wasserdichtheit nicht gegeben,

 legt man sie mit Teichfolie aus oder stellt ein kleineres Kunststoffgefäß hinein.

Zur Bepflanzung eignen sich robuste, mittelstark wachsende Wasserpflanzen wie Froschbiss oder Zyperngrassegge und Japanische Sumpfschwertlilie. Kräuter wie Wasserminze und Brunnenkresse kann man sogar aus dem Wassergarten ernten. Großblumige Seerosen sind für Miniteiche aber nicht geeignet.

Der Charme der Bartnelken

Ein Bauerngarten versorgt Besitzer mit Gemüse und Gewürzen für die Küche und die Vorratskammer, mit Kräutern für Tees und Salben gegen allerlei Wehwehchen und mit Blumen für das Haus. In wunderbarer Weise verbindet er so das Schöne mit dem Nützlichen. In einem klassischen Bauerngarten darf die Bartnelke

(Dianthus barbatus) nicht fehlen. Die weißen, rosa, hell- oder dunkelroten Einzelblüten, oft auch mehrfarbig oder gefüllt, sitzen dicht zusammen und verströmen einen leichten Duft. Höchste Zeit für eine Renaissance also, denn wegen ihren lang haltenden Blüten und den stabilen Stängeln eignen sich die Bartnelken ganz hervorragend als Schnittblumen. Ein Tipp für die Vase: Entfernen Sie das Laub in der kompletten Höhe des Wassers, damit es nicht zur Fäulnis kommt.

Jetzt Erdbeeren pflanzen!

Eine Erdbeerpflanzung legen Sie am besten an einem nicht zu heißen Tag im August an. Die Pflanzen bringen bereits im nächsten Jahr Erträge. Erdbeeren brauchen einen gut gelockerten, nahrhaften Boden, der zuvor mit reichlich Kompost oder Biodünger versorgt wurde. Lassen Sie 40 Zentimeter Abstand zwischen den Reihen und 15 zwischen den einzelnen Pflanzen in der Reihe. Setzen Sie die Pflanzen so, dass sich das Herz in Höhe der Erdoberfläche befindet. Nach der Pflanzung fest andrücken, kräftig gießen und während des Anwachsens (ca. zwei Wochen lang) den Boden nicht austrocknen lassen.

Von Brombeeren gibt es auch dornenlose Sorten.

Dornenlose Brombeeren

Was das Ernten von Brombeeren beschwerlich macht, sind ihre undurchdringlichen Ranken. An ihnen bilden sich Stacheln wie an Rosen, auch wenn sie oft fälschlich als Dornen bezeichnet werden. Stacheln lassen sich leicht mit den Fingern abbrechen, Dornen hingegen sind spitz auslaufende, verholzte Seitentriebe, die man nur mit einer Schere entfernen kann. Aber zum Glück gibt es mittlerweile auch dornenlose Brombeersorten, zu empfehlen sind die fruchtig schmeckende „Chester Thornless", „Lubera Navaho" und „Loch Ness".

Stärkende Pflanzenbrühe

Pflanzenbrühen aus Rainfarn, Beinwell, Brennnesseln, Ackerschachtelhalm u.a. können synthetisch hergestellte Dünger ersetzen. Aus den verwendeten Pflanzen herausgelöste Nährstoffe, Enzyme, Pflanzenhormone, Huminsäuren, Vitamine und Spurenelemente wirken vitalisierend und stärken die Abwehrkräfte. Für eine Pflanzenbrühe frische oder getrocknete Pflanzen zerkleinern und etwa 24 Stunden in kaltes Wasser einweichen. Danach das Gemisch erhitzen und 20 bis 30 Minuten kochen. Mit der abgekühlten und abgeseihten Brühe wird dann gegossen. Die Pflanzenreste kann man als Mulchmaterial ausbringen.

Ein Garten für Schmetterlinge

In Österreich leben rund 4.000 verschiedene Schmetterlingsarten, darunter zahlreiche vom Aussterben bedrohte. Wer einen Garten oder Balkon hat, kann dagegen etwas tun. Eine vielfältige Bepflanzung und ungestörte Nischen locken Schmetterlinge an und bieten ihnen Lebensräume. Das ist nicht nur sinnvoll, sondern erfreut Auge und Herz. Die Raupen der Schmetterlinge fressen Blätter von Blumen und Laubgehölzen, manche Art ist sogar auf eine einzige Futterpflanze spezia-

Zitronenfalter

lisiert. So brauchen die Raupen des Tagpfauenauges ausschließlich Brennnesseln zum Überleben. Als erwachsene Schmetterlinge saugen die Tiere Nektar aus verschiedensten Blüten. Dabei werden sie von den Farben Rot, Orange, Gelb, Violett und Pink besonders angelockt.

Wichtige Futterpflanzen für Schmetterlinge und ihre Raupen sind:

- Heimische Wildpflanzen wie Brennnessel, Distel, Hornklee, Kleine Bibernelle, Labkraut, Lungenkraut, Wiesenschaumkraut, Löwenzahn.
- Blühende Gewürzkräuter und Gemüse: Karotte und Wilde Möhre, Thymian, Oregano, Dill, Fenchel, Salbei, Melisse, Lavendel, Liebstöckel.
- Gartenpflanzen: Sommerflieder, Geißblatt, Seifenkraut, Phlox, Kapuzinerkresse, Verbene, Fetthenne.

Hornklee   Lungenkraut   Oregano

Kleiner Perlmutterfalter

Sommerschnitt spart Winterschnitt

Der Rückschnitt von Gehölzen im Sommer (Mitte Juli bis Mitte August), wenn sie in vollem Saft stehen, bremst das Holzwachstum und bewirkt mehr Blütenknospen. Schneidet man aber in der Vegetationsruhe (im Winter), wird das Holzwachstum angeregt.

Nützlinge fördern

Schädlinge werden erst gar nicht zum Problem, wenn ihre natürlichen Gegenspieler in ausreichender Zahl vorhanden sind. Nützlinge anzulocken und ihnen gute Lebensbedingungen zu schaffen,

Schachbrettfalter

Phlox   Liebstöckel   Seifenkraut

Auch Feuersalamander sind nützlich, sie fressen Würmer und Schnecken.

lautet daher die Devise im Garten. Fressen und gefressen werden – das ist Teil des natürlichen Kreislaufs. Wenn auf den Rosenknospen Blattläuse sitzen, heißt es gelassen bleiben. Die Marienkäfer sind schon im Anflug. Sind sie einmal im Rosenbeet angekommen, erledigt sich das Problem binnen kürzester Zeit. Ein erwachsener Marienkäfer frisst 150 Blattläuse pro Tag. Werden Nützlinge gefördert, stellt sich auf Dauer ein stabiles und intaktes Ökosystem ein. Hecken aus Wildgehölzen, Totholzhaufen, Trockenmauern, Steinhaufen und Blumenwiesen sind Lebensraum für Marienkäfer, Florfliegen, Vögel, Eidechsen, Blindschleichen, Feuersalamander und Igel, die allesamt Nützlinge sind.

CHECKLISTE

Was im August
noch zu tun ist

- Sobald die Kolben vom Zuckermais prall und die Narbenfäden braun sind, wird geerntet.
- Nach dem ersten Heckenschnitt im Juni erfolgt Mitte August der zweite. Die Hecke sollte im Querschnitt oben schmäler als unten sein, das fördert dichten Wuchs.
- Steppenkerzen werden jetzt gepflanzt. Ihre seesternartigen Wurzeln kommen 10 bis 20 Zentimeter tief in lockeren, durchlässigen Boden.
- Werden Sellerieknollen freigelegt, wachsen sie besser. Die Wurzeln dürfen jedoch beim Entfernen der Erde um die Knolle nicht beschädigt werden.
- Zum Vermehren von Kletterpflanzen eine zehn Zentimeter tiefe Furche ziehen und einen Trieb hinein senken. Mit einer Drahtklammer feststecken und mit Erde anhäufeln, bis sich Wurzeln gebildet haben.

Über die Autorin

Elke Papouschek, 1968 in Wien geboren, hat das Gärtnern an der HBLFA für Gartenbau in Wien-Schönbrunn gelernt und blieb dem Thema ihr Berufsleben lang treu. Sie war für Zeitschriften- und Buchproduktionen rund um den Garten verantwortlich und führt heute als selbstständige Gartenjournalistin gemeinsam mit Veronika Schubert ein Redaktionsbüro für Publikationen zum schönsten Hobby der Welt.

© 2015 Servus bei Benevento Publishing, Salzburg. Eine Marke der Red Bull Media House GmbH. E-Mail: info@servus-buch.at. Fotos: © Cover/S.6: mauritius images/imageBROKER/Daniel Schoenen, S.2: mauritius images/Christian Bäck, S. 9: guesswho/123RF.com, S.10/11: RoHa-Fotothek Fürmann, S.12: Iurii Konoval/123RF.com, S.13: ksushsh/123RF.com, S.14: mauritius images/CuboImages//imageBROKER/Helmut Meyer zur Capellen/Erhard Nerger, S.15: Sergei Trofimenko/123RF.com, S.16: lianem/123RF.com, S.17: Maksim Shebeko//Tagstock Japan/123RF.com, S.18: Dusan Kostic/123RF.com, S.19: Christian Fischer/a40757/123RF.com, S. 20: 123RF.com/dehus/123RF.com, S. 21: es75/123RF.com, S. 22: abxyz/123RF.com, agneskantaruk/fotolia.com, S. 23: Becker/FocusOnGarden/Flora Press, S. 24: mauritius images/Garden World Images, S. 26: mauritius images/Klaus Scholz, S. 27: Wikipedia/Bluemoose/McKarri, S. 28: mauritius images/Flowerphotos, S. 30/31: GAP Photos/Friedrich Strauss, S. 32: mauritius images/Alamy, S. 34: mauritius images/imageBROKER/Creativ Studio Heinemann (2), S. 35: mauritius images/imageBROKER/Adelheid Nothegger, S. 36: mauritius images/CuboImages (3)//imageBROKER/Anna Reinert, S. 38: Krawczyk-Foto/fotolia.com, S. 39: Ivonne Wierink/123RF.com, S. 41: Polina Ryazantseva/123RF.com, S. 42: jabiru/ 123RF.com, S. 43: Reinhard Schäfer/fotolia.com, Wikipedia/3268-zauber/Fornax, S. 45: teamkohl/123RF.com, S. 46: A.Lazarin & S.Martel/fotolia.com, S.48/49: RoHa-Fotothek Fürmann, S. 50: yuris010/123RF.com, S. 52: Wikipedia/Genet, S. 53: Wikipedia/Wildfeuer, S. 54: sommai/fotolia.com, Javier Tuana/123RF.com, S. 55: mauritius images/imageBROKER/Creativ Studio Heinemann, S. 56: fpatleem/fotolia.com, Le Do (2)/joannawnuk/123RF.com, S. 57: svetamart/fotolia.com, S. 58: George Tsartsianidis/123RF.com, S. 59: emer/fotolia.com, S. 60: Wikipedia/Belladonna/Rosenzweig/Kumbayo/Ivar Leidus, S. 61: Wikipedia/Max H. Gerlach/MichaD/TeunSpaans/H. Zell, S. 62: Schlegelfotos/fotolia.com, Backcover: agneskantaruk/fotolia.com, RoHa-Fotothek Fürmann, Elena Shchipkova/123RF.com, mauritius images/imageBROKER/Adelheid Nothegger//Flowerphotos, Wikipedia/Rosenzweig. Redaktion: Birgit Moltinger. Lektorat: Melanie Knünz. Titelsatz aus einer Kalligrafie von Karl Starzer, Satz aus der Minion Pro sowie der BentonSans. Art Direction: Peter Feierabend. Gestaltung und Satz: Conny Laue. Gebunden in Fadenheftung. Druck und Bindung: Druckerei Theiss. Gedruckt in Österreich.
ISBN 978-3-7104-0024-7
1 2 3 4 5 6 7 8 / 17 16 15
www.servus-buch.at